学校
学不到的
成长课

（日）株式会社旺文社 著
张文祎 译

●小学生应该学会的事，这套漫画就能搞定！●

我要变成健康小达人

SPM
南方出版传媒
新世纪出版社
·广州·

前言

考试得了一百分真开心呀！身边的人都表扬我。但是，长大以后要面临的问题，却比学校的考试复杂得多，有的时候正确答案不止一种，有的时候问题是没有正确答案的。

“生日礼物的话，我想收到鲜花！”“我想收到书！”谁的答案是正确的？他们的答案都是正确的。但是在某些情况下，他们的答案又都是错误的。

爬山的时候，同学扭伤了脚。紧要关头，自己是选择用指南针摸索着下山，寻找救援，还是在原地等待救援呢？哪个答案是正确的？正确答案随情况而定。总之，性命攸关的问题要慎重地做出决定！

在大人的世界里，每天都要面对这样的选择题。可以自信满满地解决问题，凭借的是聪明的头脑，对问题做出正确的判断。

本系列丛书，希望用漫画的方式，让小朋友们去理解自己和周围的世界。希望合上书本的时候，小朋友们能发现自己的进步，感受到思考带来的快乐。

本书的主题是“身体与心灵”。小朋友们平时有没有关注过自己的身体和心灵呢？在多姿多彩的学校生活，以及和朋友、家人一起度过的快乐时光中，我们的身体和心灵都参与其中哦。也许你们会觉得这一切都是理所当然的，并没有发现它们在默默付出着。把你的小耳朵凑过来，静静聆听它们的心声吧。希望通过这本漫画，能让你和自己的身体、心灵成为好朋友！

旺文社

目录

即将登场的

小噗

- 活泼好动、毛茸茸的贵宾犬。
- 总陪在康太的身边。

康太（健崎康太）

- 上小学三年级。
- 喜欢和朋友出去玩，还喜欢打游戏。
- 充满活力，却总是淘气闯祸。

妈妈（健崎身知代）

- 烧得一手好菜。
- 总担心康太闯祸。
- 发飙的时候特别恐怖。

爸爸（健崎健三）

- 生活健康、生活有规律的宅男。
- 因为迷恋甜食，身体发出了“三高”警报。
- 因为疯狂网购保健品，总被老婆训斥。

小伙伴们

咪咪兔

- 心心的得力小助手。
- 讲一口地道的关西腔。

心心

- 关心小朋友的身体和心灵健康。学校医务室的守护神。
- 虽然外表是一副小学生模样，其实法力无边哦。

里志

- 喜欢读书，不爱运动。
- 热心肠。

由美

- 班级里的健康小队长。
- 记录每个同学的身体状况。
- 将来想当一名护士。

校医老师

- 守护学生健康成长的微笑天使。
- 但是发飙的时候……

班主任

- 热血青年。
- 充满正能量。

故事开始啦

好痛……
老师！
肚子痛？快带他去医务室。
没问题！
健康小队长！
医务室
好痛好痛……
咦？校医老师不在吗？
推门
拉开
冒头
好像有人在睡觉……
小兔子？!
真舒服，睡饱啦。
怪发型……
你是一年级的学生吗？
身体不舒服吗？
没礼貌！我是医务室的守护神心心！这是我的小助手咪咪兔。
请多关照！

没听说过
守护神？
不妙哦！
康太现在肚子痛，我没猜错吧！
你怎么知道的？
竟然忘记了……
我可以听到身体的心声哦！
问得好！
康太一大早竟然吃了5个肉包子！
什么?!
这就是你的胃。
撑
撑
肉
大胃王……
吃得过饱不是大毛病，不用担心啦。
康太，你了解自己的身体吗？
等一下！
那告辞啦！
喂！
我的胃怎么哭啦？
委屈
委屈
你的胃现在特别难过呢。

为了消化胃里所有的食物，每天我都在超负荷地工作。康太真是个大胃王！
嗞嗞叨叨
警告警告
平时要好好关心我们啊！
十分抱歉！
它们也有话要说。
眼睛
康太总是熬夜打游戏，视力变得模模糊糊。
看我的！
总爱一大杯冷饮灌进肚子里，我受不了啦！
喉咙
不要再熬夜啦！
作息太不规律啦！
发抖
到家之后先喝水润润嗓子吧！
大脑
肠道
细嚼慢咽的好习惯，让我的工作很轻松！
由美每天都吃好多蔬菜，所以排便很通畅！
规律的作息让睡眠更香甜！
由美谢谢你！
好厉害！那我的身体说什么啦？
看我的！
嘿！

我还是第一次听到身体的心声呢。
怎样才能保持身体健康呢？
睡了……
我长大想当一名护士呢！
首先要了解身体的构造和功能哦！
我们的心灵和身体也是息息相通的！所以平时都要关注到哦！
睡不着……
明白啦！
哎呀！
康太怎么啦？
老师
打扰病人休息可不行哦！
多睡一会儿吧！
发飙
知错啦……
康太家
饭前不许吃零食！
没错！
咦？
咔嚓！咔嚓！
咔嚓！咔嚓！
スナック
老公你也是！我知道你把零食都藏在……
完了。
噔

吵闹
离电视机远一点！
想戴上眼镜吗?!
……
不用担心！我已经网购了最新款的健身器械！
腹肌，我来啦！
康太还是没有关心自己的身体。
爸爸也是……
不要躺着看电视！
偷吃
甜食
汪汪！
我们来帮助康太一家开始健康的新生活吧！
叮咚——
你们好！
我们才不是迷路的小孩呢！
咦？你们是谁？迷路了吗？
小兔子？
啊！心心！
一起来认识自己的身体吧！
康太一家会有怎样的变化呢？

第1章

身体的构造是怎样的？

午餐

跑去哪里啦？

我们吃饱啦！
忍耐
好爽
呼——
刚刚吃下的食物全部排出来了！
冒头
胃里的食物要经过一天或是更久的消化，才会形成粪便被排出来哦！
哎呀！
那是昨天早餐吃的肉包子吧！
食物的营养被身体充分地吸收，而未被吸收而产生的残渣就是便便哦。
从口腔到肛门是一条又细又长的管道。
起点
终点
若有所思
原来是这样缓慢的过程呀……
没错！
快冲掉呀！

食物在身体里的旅程

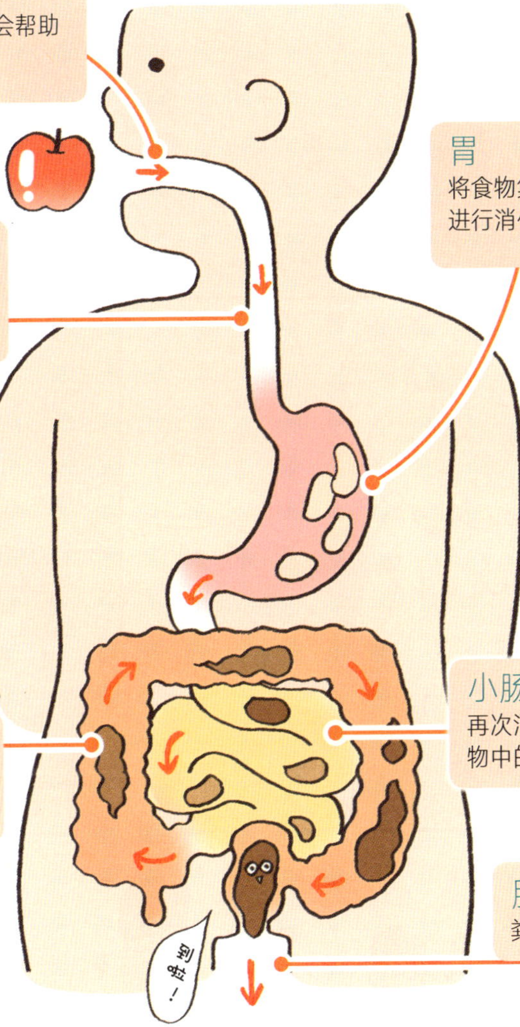

心心 敲黑板

消化是指

消化器官把食物变成可被机体吸收养料的过程。这样一来，身体就可以大量吸收食物中的丰富营养哦！

呼吸是怎么一回事？

游泳啦！
游泳啦！
1
2
5米
无法呼吸
10米
挣扎
挣扎
没事吧？
大口喘气
为什么在水里不能呼吸啊？
因为人类是通过肺来呼吸的！
鳃
跳下
哇，游泳池！
鱼是通过鳃来呼吸的！
吸入空气之后，肺会摄取其中的氧气……
啊？
嗯？
滑
救救我！
糟糕啦！
小神仙不会游泳啊……

呼吸器官

鼻、口腔吸入空气。

空气依次通过咽喉、气管、支气管，进入肺部。

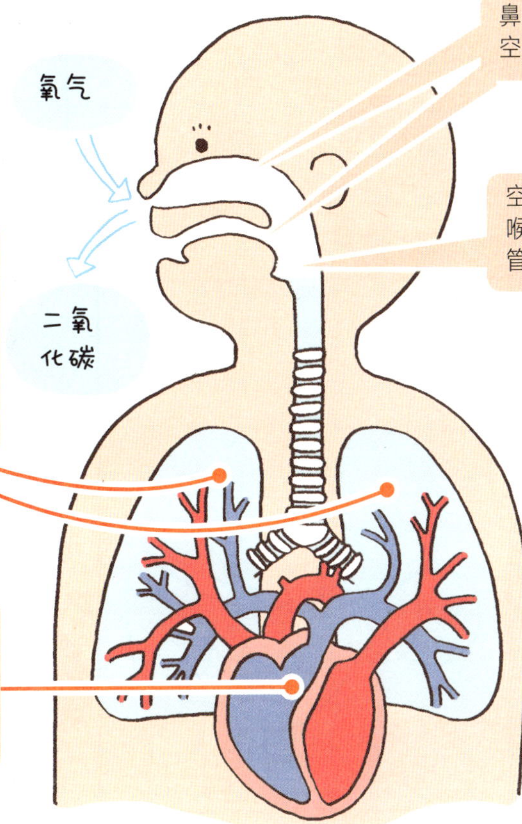

肺

- 分为左、右两部分。
- 密布网状的毛细血管。
- 将空气中的氧气和血液中的二氧化碳进行交换。

心脏

- 通过血管与肺相连。
- 肺中的氧气通过心脏传送到身体的各个器官。

心心 敲黑板

说到呼吸

- 体内的营养转化为能量的这一过程，氧气会参与其中。
- 人体通过呼吸摄取空气中的氧气，并将二氧化碳等废气排出体外。

血液的作用是什么？

咦?!
膝盖上出现了一块奇怪的东西！
昨天擦伤的地方
那是结痂哦。
※撑伞小猪日语读音与结痂相似。
错！
※撑伞小猪？
哼哼。
结痂有助于止血，防止伤口感染。
血液有什么作用呢？
血液的流动是在输送体内的氧气和营养物质。
心脏像水泵一样，为全身供给血液。
嘿哟！
营养
氧气
心跳就是心脏正在工作的标志哦。
也证明身体正在运转！
心跳的声音……
扑通！扑通！
心跳加速

血液的流动

心脏

像水泵一样有规律地舒张和收缩，将血液输送到全身。

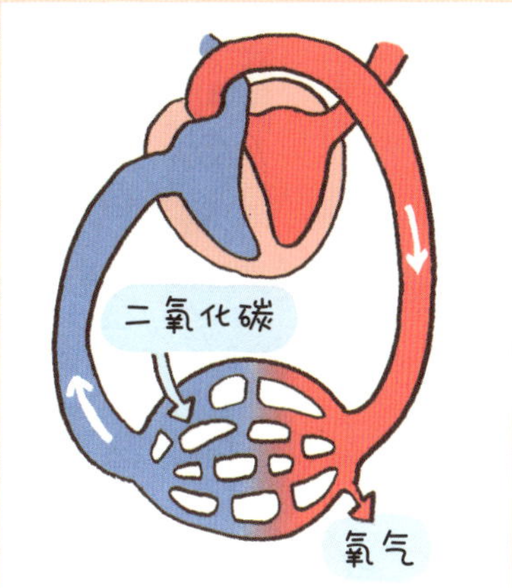

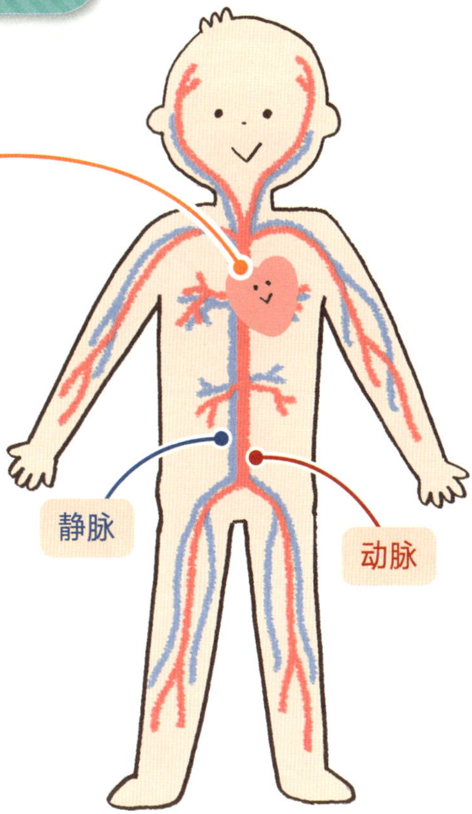

血液从心脏出发，经由动脉，向全身输送氧气和营养物质。
二氧化碳则经由静脉回流到心脏。

血液的主要功能

输送氧气和营养物质。

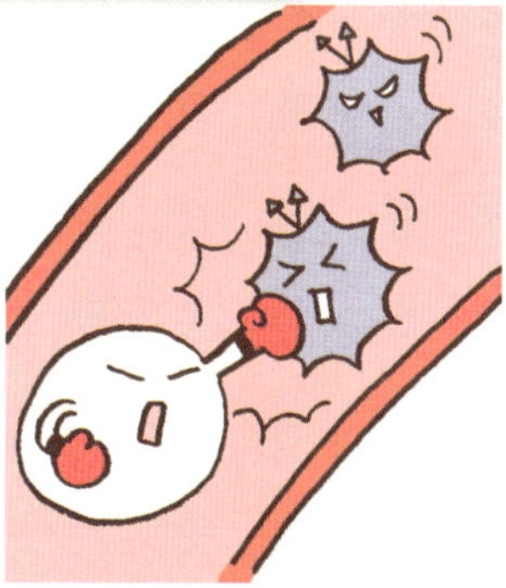

消灭进入身体的细菌和病毒。

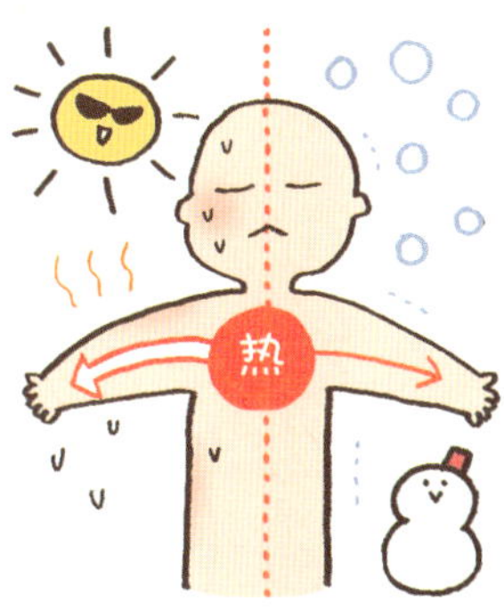

调节体温和身体内的水分。

骨骼和肌肉的作用是什么？

骨骼的功能

支撑身体。

储存无机盐。

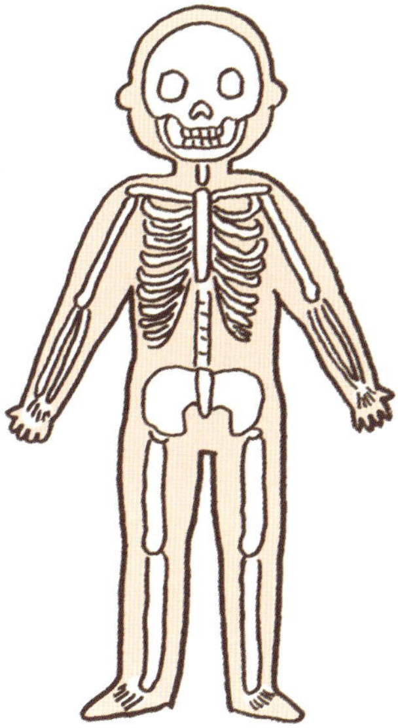

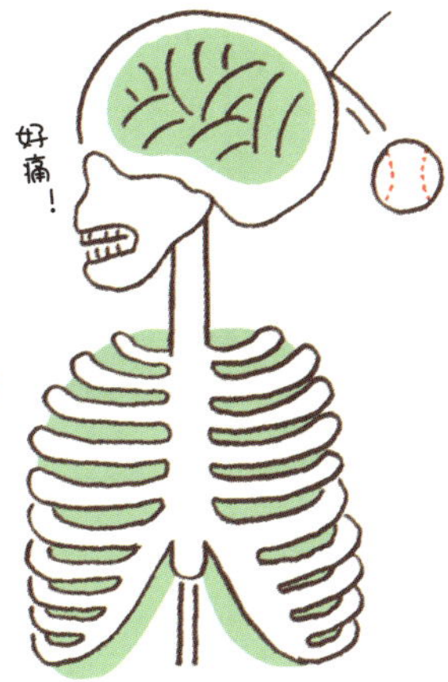

保护内脏。

肌肉的功能

- 和骨骼相连的肌肉叫作骨骼肌。
- 骨骼肌听从大脑的指挥，通过牵引骨骼产生运动。

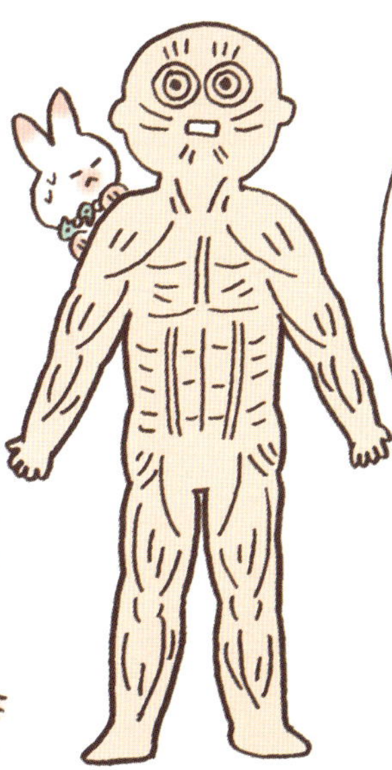

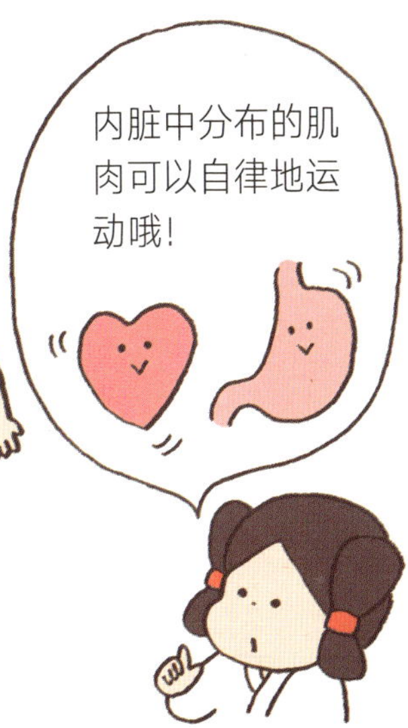

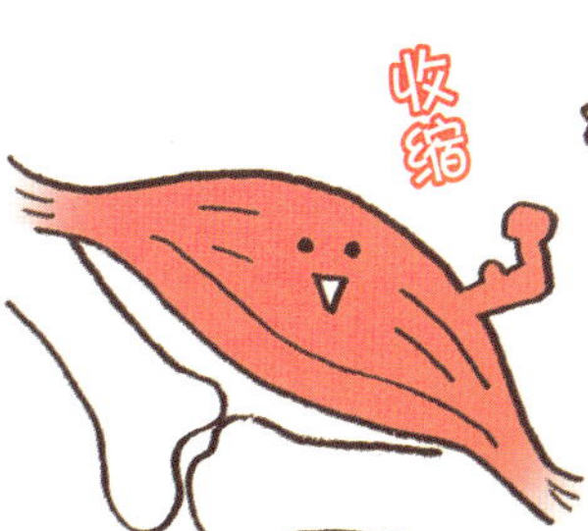

大脑每天在做什么？

收卷啦！
一片空白
听写
真是的，脑袋不灵光，我也没有办法！
哼！
大脑君太委屈啦！
看我的！
我兢兢业业好几个年头！
说得好！勤劳的大脑君！
记忆力差不要怪罪到我头上！
呀——
我可是身体和心灵的指挥官呢！
为你带来这些感受。
好美！
好香！
向身体发出正确的指令。
这些都是我的功劳！
怒
对不起！
让我反复记忆才能加深印象！
咚！
复习
好的……
加油吧！

脑的功能

小脑
参与躯体平衡和调节肌紧张。

大脑
脑的主要部分，支配一切生命活动。例如，运动、感觉、思维等。

脑干
维持心跳、呼吸、消化等生理功能。

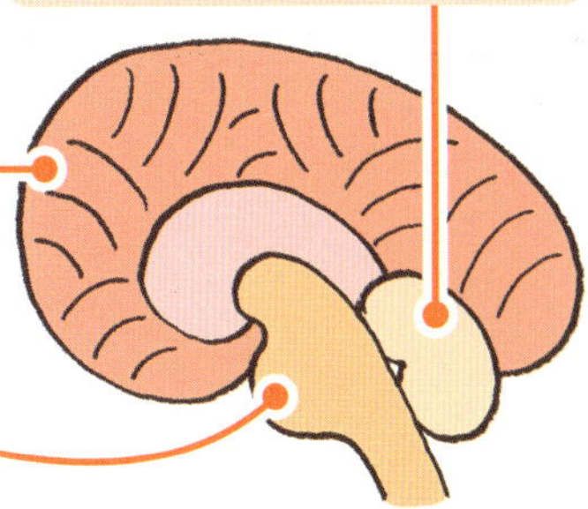

脑的功能❶ 感觉

通过眼睛、耳朵、鼻子等感觉器官获取信息。

脑的功能❷ 思维

获得信息之后，思考并做出判断。

脑的功能❸ 指令

向身体发出挥手、走路等动作指令。

脑的功能❹ 记忆

脑部的海马体会接收并保存我们看到、听到的信息。

脑的功能❺ 支配情绪

产生并控制恐惧、喜悦、悲伤等情绪。

血液君加油

我们是血液君。
活泼好动的康太经常受伤。
好痛！
快看！
不好啦！
小脏手不要碰伤口啊！
好好清理伤口！消灭细菌的工作就交给我们吧！
拧开
为了康太的健康，我们会一直努力的！
我回来啦！！
哇！
哇！
哇！
氧气
氧气

第2章

生病是怎么一回事？

时刻留意身体发出的信号

信号❶
身体发冷
发抖
信号❷
感到疲倦
信号❸
流鼻涕
吸溜
这些都是身体发出的信号！
这是感冒的初期症状哦！
身体不舒服的时候，要好好休息，情况严重要及时看医生啊！
我们快去医务室吧！
不要！我还想再玩一会儿！
请麻利地跟我走！
不要嘛！
拖地
体温有些高。先安静地休息一会儿吧！
安静地……
我想出去玩……
忍耐

身体健康的时候，我有这样的感觉！

胃口好，饭菜
特别香。

身体轻盈。
充满活力。

睡眠香甜。

头脑清晰，注意力集中。

没有犯恶心，或是没感觉到
身体有疼痛的地方。

心情轻松愉快。

身体不舒服的时候，我有这样的感觉！

食欲不振，饭菜尝不出味道。

身体疲倦、沉重。

难以入睡、做噩梦。

常发呆。精力无法集中。

感到身体疼痛，犯恶心。

心情不好，没有干劲。

看医生的时候要怎么做？

今天就请假吧……
太棒啦！
咳！
咳！
我们去医院吧。
呃……
不要！
哪里觉得不舒服呢？
我没有感觉不舒服！
咳！
咳！
咳！
喘
咳！
说谎可不行啊！
向医生详细描述自己的症状，这对诊断非常重要。
被发现了！
这些细节要好好告诉医生哦！
①从什么时候开始的？
②身体哪里不舒服？
③具体是怎样的感觉？
三天前开始感到喉咙痛，止不住地咳嗽。
这些对诊断非常有帮助！
明白！
咳！
咳！
真棒！

描述症状的方法

腹痛。
隐隐作痛
头痛。
身体感到乏力。
呕
犯恶心，呕吐。
头晕
走路摇摇晃晃，感到晕眩。
身体阵阵发冷。
身体发热。

●肚脐的正上方一直绞痛。
●后脑勺这边特别痛。
重点来啦！
身体哪里痛？是怎样的感觉？描述得越具体越好哦！

听诊检查
能听到什么声音？
有奇怪的声音吗？
安静一点。
根据心脏跳动的声音和肺部舒张的声音来判断身体是否出现异常。
口腔、咽喉的检查
啊——能看到什么东西？
嘴巴里面有奇怪的东西吗？
检查的时候要保持安静……
检查喉咙是否发炎肿胀。
X光
透过身体拍摄内脏的照片。
咔嚓！
还有各种各样精密的检查哦！
尿液检查
检查尿液的成分。
洒出来啦！
外科检查
通过观察、触摸身体做诊断。
这里痛吗？
好痒啊……

你患了感冒，要按时吃药，随时观察身体的状况。
知道啦！
我在这里等一下！
服务台
真无聊！
打一局！
游戏
声音外放会影响到其他患者！
你小声点！
嘀嘀嘀嘀嘀嘀！
嘀嘀嘀……
嘀嘀嘀……
游戏
医院是病人来看诊和治疗的地方。要遵守医院的规定，保持安静。
嘘——
安静地排队等候
静
禁止追逐打闹
啊——
嗒嗒嗒！
错
在规定的区域使用手机
关闭手机电源！
嘀！

服药的方法

一定要遵照医生的嘱咐，或说明书上的服药次数和时间。

不要与其他食物混合服用。
※ 医生特别嘱咐的情况除外。

不要用果汁或茶送服，要用白开水服药。

如果没按正确的方法服药，不仅药效会减弱，可能还会对身体造成伤害！

哎呀!
生病的时候要注意休息呀!
嗒嗒嗒!
嘀嘀嘀!
游戏
好累啊!
嘀嘀!
嘀嘀!
打游戏耗费脑力和体力,使身体得不到充分的休息。
嘀嘀嘀!
嘀嘀嘀!
为了让身体快快康复,要安静地休息哦。
康复力上升
哼!
呼——
好无聊!
睡着了……
我回来啦!
给康太买了好吃的布丁哦!
布丁!
感觉好多啦!
生病的时候要好好补充营养!
都是康太喜欢的!
我有食欲啦!
什么?!
花了600元……
收据
哇!
哇!
蛋糕
点心
布丁
果冻
冰激凌
香草
老公你是想趁机蹭吃蹭喝吧……

疾病早预防 1

感冒和流行性感冒

普通感冒

- 病因：细菌、病毒感染。
- 没有发热症状，或低烧 37~38 摄氏度。
- 鼻子和咽喉的症状明显，咳嗽、打喷嚏、流鼻涕等。
- 没有并发症的情况下，5~7 天可以痊愈。
- 全年都有患病的可能。

流行性感冒

- 病因：流感病毒感染。
- 出现高热，体温在 39~40 摄氏度。
- 咳嗽和流鼻涕的症状比普通感冒更加严重。全身乏力、疼痛等症状。
- 引起的并发症可导致死亡。
- 秋冬季节是高发期。

接触传播

接触楼梯扶手、门把手、开关等病毒易潜伏的地方。

↓

携带病毒的手触碰到口鼻，身体进而被病毒侵入。

飞沫传播

咳嗽、打喷嚏产生的飞沫中存在病毒。

↓

周围的人吸入飞沫后，身体会被病毒侵入。

感冒、流行性感冒早预防

流行性感冒极易在冬天爆发，要特别注意！

●勤洗手

携带病毒的手一旦接触口鼻，身体非常容易被病毒感染哦。

认真洗手，讲究卫生。

●营养均衡

●睡眠充足

咳嗽、打喷嚏的时候要做到

不要面向他人咳嗽或是打喷嚏哦！

● 戴口罩

● 用纸巾或是手帕捂住口鼻

● 及时将身体转向一侧

疾病早预防2 中暑

我去公园玩啦！
快戴上帽子，拿上水壶！
大太阳
哇！
哇！
摇晃
怎么回事？头晕晕的……
不好啦！
快把康太转移到树荫下！解开衣服上的扣子！拿温水来！
好的！
好的！
靠谱
夏天要预防中暑啊！
呼——
什么是中暑？

中暑

在炎热或是湿度较大的环境中引发的急性疾病。

- 在暑热季节，高温、高湿的环境中，身体产生的热量不断累积。
- 大量排汗加快身体内的水分流失。

中暑的症状

头晕

大量出汗

头痛

呕吐或疲乏

肌肉酸痛或抽筋

体温升高（身体发热）

晕倒

预防中暑有妙招

及时补充水分

注意防晒

使用扇子、冰贴来降温

户外运动要适度

选择透气性好的衣物

夏季室内也要注意防暑降温

✕ 密闭的房间,没有打开空调换气

○ 过度依赖空调、风扇,造成室内外温差过大

疾病早预防 3

肚子的小毛病

导致腹痛的原因

便秘

- 好多天排不出大便，腹痛就开始啦。

食物中毒

- 腐坏的食物中会滋生细菌和毒素，食用后会引发食物中毒。
- 食物在夏季更容易腐坏。
- 冬季流行的诺如病毒，传染途径多样，可引起剧烈腹痛和腹泻。

不安情绪、压力

- 处于不安情绪或是压力之中，也常常会感到腹痛。

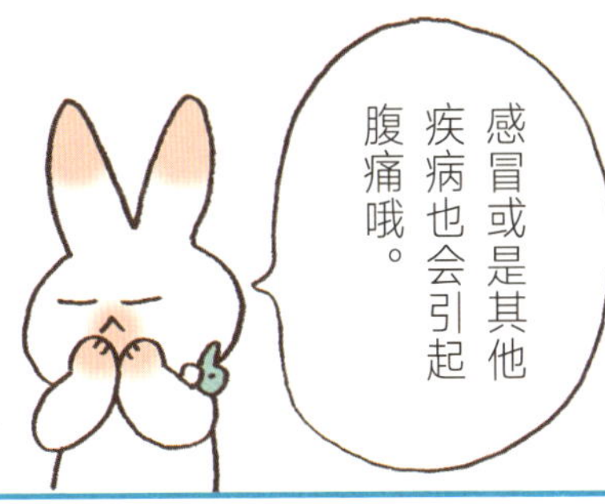

预防食物中毒①

烹饪前、饭前要洗手。

肉类和蔬菜要分开清洗、分开摆放。

餐具和烹调用具用后要及时清洁。

预防食物中毒②

肉类要加热之后再食用。

食物要冷藏、冷冻保存。

疾病早预防4 大脑和眼睛的健康

导致头痛的原因

生活不规律
（睡眠不足或过量）

视觉疲劳、强光、噪声的刺激

肩膀酸痛

运动不足

疲劳

压力

天气变化

饥饿

眼睛的构造

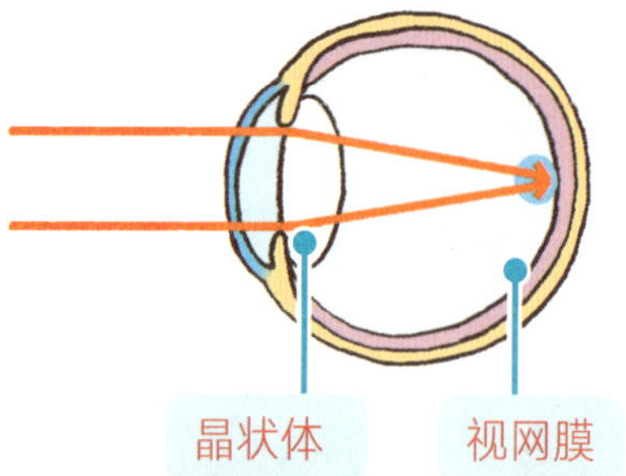

自然界的光线进入眼睛后，通过晶状体等屈光系统的折射后，聚焦在视网膜上，形成光的刺激。

近视

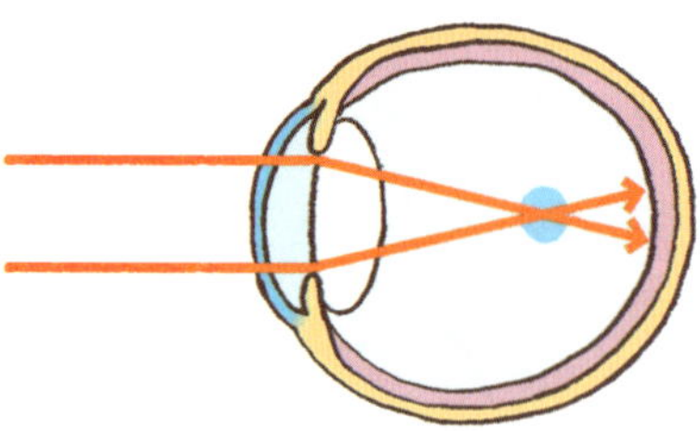

眼睛在松弛的状态下，光线通过屈光系统的折射后，焦点落在视网膜之前，导致视力模糊不清。

所以，长时间以不正确的姿势打游戏、看书，会导致视力减退哦！

预防近视的好习惯

●读书的时候

选择柔和的灯光，不宜过亮或过暗。

书本和眼睛的距离应保持在 30~40 厘米。

坐姿端正。

读书和使用电脑时，要适当安排休息。

合理安排看电视和打游戏的时间，与屏幕保持一定的距离。

过敏是怎么一回事？

春天又来了……
啾啾啾……
忧郁
啊啊……
啊啊……
吸
转
哈啾——
爸爸感冒了？
敏感
敏感
这是花粉过敏的症状。
没错……
是过敏症状的一种哦！
花粉？过敏？
敏感

过敏

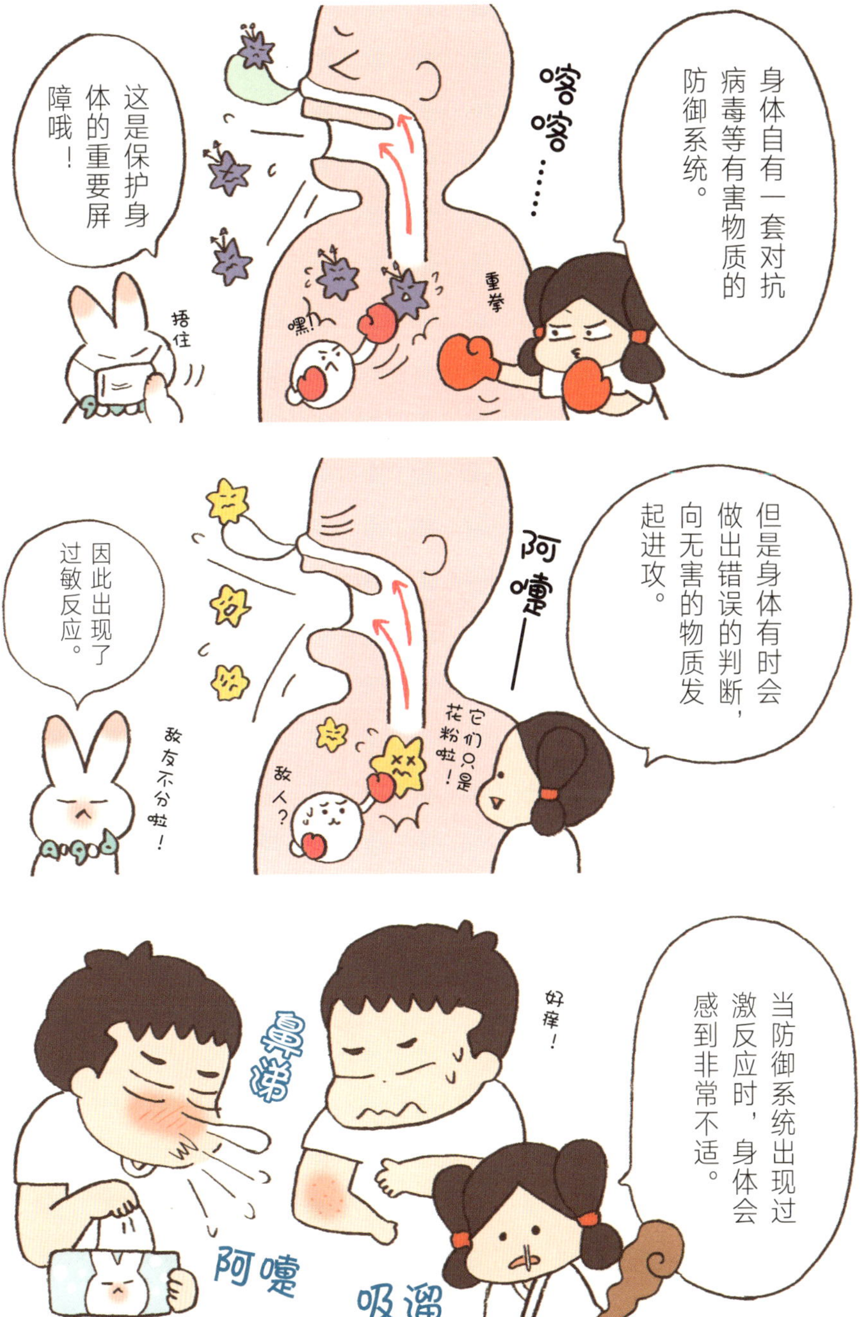

身体自有一套对抗病毒等有害物质的防御系统。
嗒嗒……
重拳
嘿！
捂住
这是保护身体的重要屏障哦！
但是身体有时会做出错误的判断，向无害的物质发起进攻。
阿嚏——
它们只是花粉啦！
敌人？
敌友不分啦！
因此出现了过敏反应。
当防御系统出现过激反应时，身体会感到非常不适。
好痒！
鼻涕
阿嚏
吸溜

一些常见的过敏源

花粉

食物

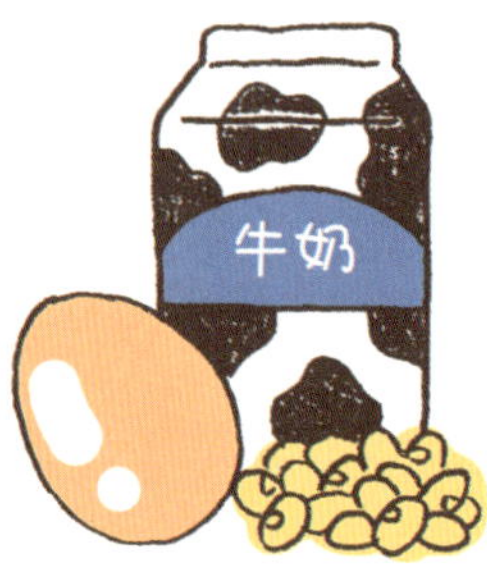

霉菌

尘土

（螨虫、螨虫的粪便、宠物的毛发、人的头皮屑等）

金属

我们交换着吃吧？
给你吃鸡蛋卷。
我不能吃鸡蛋。
你不喜欢吃鸡蛋吗？
好吧，那只能把小章鱼给你了。
我对鸡蛋过敏，就算只吃一点点，也会出现荨麻疹的症状。
摇头
不过，很多食物都会用鸡蛋做配料吧？
那个饼干不含鸡蛋吗？
这个是不含鸡蛋的。
本产品仅含有○标记的配料。
鸡蛋 牛奶 小麦 荞麦 花生 虾 蟹
饼干
过敏体质的人对食物的配料要特别留意。
啊！
不用担心！
妈妈每天都会给我做不含鸡蛋的便当。
大口
饼干

过敏症的应对方法

接受医生的诊断和治疗。

在日常生活中，避免接触过敏源，发现后要及时清除。

应对花粉过敏

戴口罩

洗脸和漱口

进入房间之前，清理衣物上的花粉。

应对食物过敏

确认食物的配料中是否含有过敏源。

抱歉，我对小动物过敏。
我们要保持距离……
阿嚏——
阿嚏——
扎心
过敏体质的人真不少啊。
特异性皮炎、哮喘等也是过敏反应呢。
过敏体质的人需要注意哪些方面呢？
出现过敏反应，或是症状加重之前就要及时采取应对措施。
严重的过敏反应可能会危及生命哦。
危及生命?!
近日，关东地区的杉木花粉量呈上升趋势。
哎呀，不妙……
今天不能出门！会没命的！
我要去上班啊！
要迟到啦！

在迷宫里寻找答案吧！

预防晕车小贴士

第3章

元气满满每一天

我们的身体每时每刻都在运转

一直到读高中的阶段，身体都在慢慢发育哦。
太帅啦！
康太 16 岁
170 厘米
成年之后身体就会缓慢地停止发育啦。
召唤成年的康太！
来啦！
哦！
身体一直在勤勤恳恳地工作哦。
大脑君想要休息啦！
好好吃！
好的好的！
今天也要按时吃饭，健康地生活哦！
我们和康太一同经历生老病死！
还有我们！
扑通！
扑通！
我的身体太棒啦！谢谢你们！
所以要常常关心它们！

饮食 营养要均衡

又剩下蔬菜了？
真是的！
我不喜欢吃蔬菜啊，不过我想再吃一个汉堡。
嘿！
营养小分队，轮到你们啦！
我们是各司其职哦！
蔬菜含有丰富的营养成分。
如果体内维生素不足，会非常容易患感冒哦。
肌肉
肌肉
蛋白质
无机盐
膳食纤维
维生素
又剩下蔬菜了！
燃烧
燃烧
油脂
碳水化合物

健康茁壮的成长离不开这些营养物质哦。
扎心
但是蔬菜好难吃……尤其是青椒！
怎么会呢？
青椒好苦！
其实汉堡里面也有青椒哦。
真……的吗？
什么?!
完全没发现。
当然，胡萝卜的味道更重一些。
胡萝卜汁
康太喜欢喝的蔬菜汁，其实也混合了青椒汁哦。
青椒有许多美味的食用方法，你可要慢慢改掉偏食的坏习惯。
兴奋
下次试试做青椒蛋糕！
再来一个胡萝卜蛋糕。
不要啊!!

主要营养物质的功能

蛋白质

蛋白质是肌肉、内脏、血液的主要组成物质。

富含蛋白质的食物

肉、鱼、鸡蛋、大豆等

如果身体缺乏蛋白质……

- 没有精神
- 肌肉不足

油脂

通过燃烧油脂提供身体所需的能量。

富含油脂的食物

食用油、黄油、牛奶等

如果身体缺乏油脂……

- 没有力气
- 寒冷的时候，身体热量会供应不足

碳水化合物

提供体力和脑力所需的能量！

富含碳水化合物的食物

米饭、面包、乌冬面、土豆等

如果身体缺乏碳水化合物……

- 注意力不集中
- 身体感到疲倦

膳食纤维

肠道的清道夫，
能帮助排便哦！

富含膳食纤维的食物

蔬菜、大豆、
魔芋等

如果身体缺乏膳食纤维……

- 容易引起便秘

维生素

富含维生素的食物

蔬菜、水果、蘑菇、肉等

调节身体的
新陈代谢！

如果身体缺乏维生素……

- 容易感到疲劳
- 容易患感冒

无机盐

骨骼和牙齿的
主要成分，能
维持正常的生
理功能。

富含无机盐的食物

牛奶、小鱼、
海带等

如果身体缺乏无机盐……

- 骨骼和牙齿变得脆弱
- 容易感到疲劳

感冒的时候一点食欲都没有。
只想吃布丁。
布丁
我感冒的时候只想吃胡萝卜呢！
生病或是身体疲劳的时候，会感到食欲不振。
食欲不振的原因
生病
压力、烦恼
运动不足
等等
不过还是要摄取每日所需的营养物质哦。
好……好的。
身体不舒服的时候，建议食用一些有助于消化的食物。
汤
稀饭
酸奶
蒸蛋
香蕉
我们感觉很舒服！
大口
大口
还是要控制饭量！

心心敲黑板　一起来吃营养餐

- 肉、蔬菜、主食，我们样样都爱吃，营养摄入要均衡。
- 不喜欢吃的食物，切成细丝或是小丁和其他食物混合在一起，努力改掉挑食的坏习惯。
- 身体不舒服的时候，吃些易消化的食物吧。

一起按时按点吃饭吧

吃饭啦！
零食
剩饭了？
我吃饱了……
再来一口！
嗷呜——
肚子又饿了……
咕咕——
靠近
可疑的声音
偷偷
摸摸
睡过头啦！！
喝完牛奶再出门吧！
不啦！我要迟到啦！
发呆
康太……
又在发呆……

情景① 昨天的晚饭 饭前狂吃零食！

结果……

- 晚饭剩了一大半，导致营养摄入不均衡。
- 饮食规律被打乱。

情景② 昨天晚上 睡前加餐！

结果……

- 肠胃半夜还在紧张地工作，导致入睡困难。

情景③ 今天早晨 没有吃早餐就出门了！

结果……

- 一上午都昏昏沉沉，基本上在发呆。

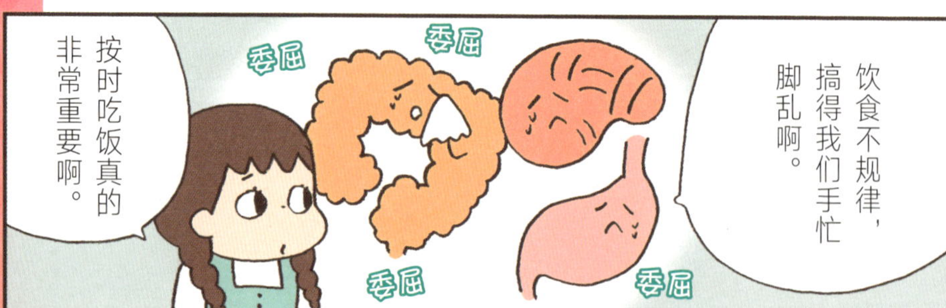

心心敲黑板　保持健康的饮食规律

早・中・晚 餐餐要吃饱

- 按时吃饭，身体的作息才会健康有规律。
- 一份营养早餐可以唤醒沉睡中的大脑和身体。

睡前不加餐

- 晚餐过后不再吃东西，让肠胃充分休息，有助于促进睡眠。

吃零食要定时定量

- 三餐过后，如果还想吃零食，要得到家长的允许哦。
- 建议选择助消化或是营养丰富的零食。

好好保护牙齿吧

三餐全吃过了，又是作息规律的一天！
大家晚安啦！
你忘记重要的事情啦！
快起来！
嘿！
睡前不刷牙，小心龋齿！
啊，忘记了……
龋齿是无法完全修复的。
不过，我已经钻进被窝了，明早起床再刷牙吧。晚安啦。
不要啊！
睡觉的时候，牙齿特别容易受到蛀虫的攻击！
邪恶
嘿嘿嘿！
不要啊！
我现在就去刷牙。

为什么会产生龋齿？

食物的残渣诱发致龋细菌的滋生。

致龋细菌侵袭牙齿。

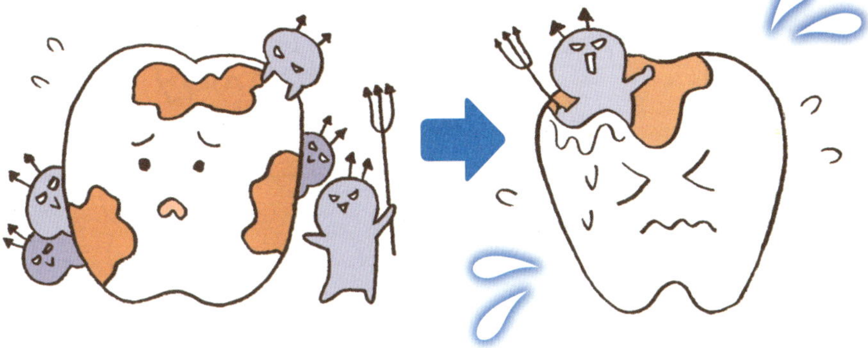

从排便开始，关注肠胃健康

健康的大便

○ 健康的大便

表示肠道功能正常。

△ 泥状大便

暴饮暴食等原因，阻碍了肠道的运动。

△ 块状大便

饮水量或是蔬菜摄入量不足。

为什么会有小便和大便呢？
去厕所很麻烦的。
因为身体需要排出废物啊。
像扔垃圾一样。
大便是食物经过肠胃消化之后产生的残渣。
小便是身体代谢的废物和水的混合物。
哎呀！
哗！
有道理！
便秘是由于大便在肠道中长时间停留，很难排出。造成便秘的原因非常多，如饮食不规律、精神压力等。
坏细菌
捣乱
不要
好脏！

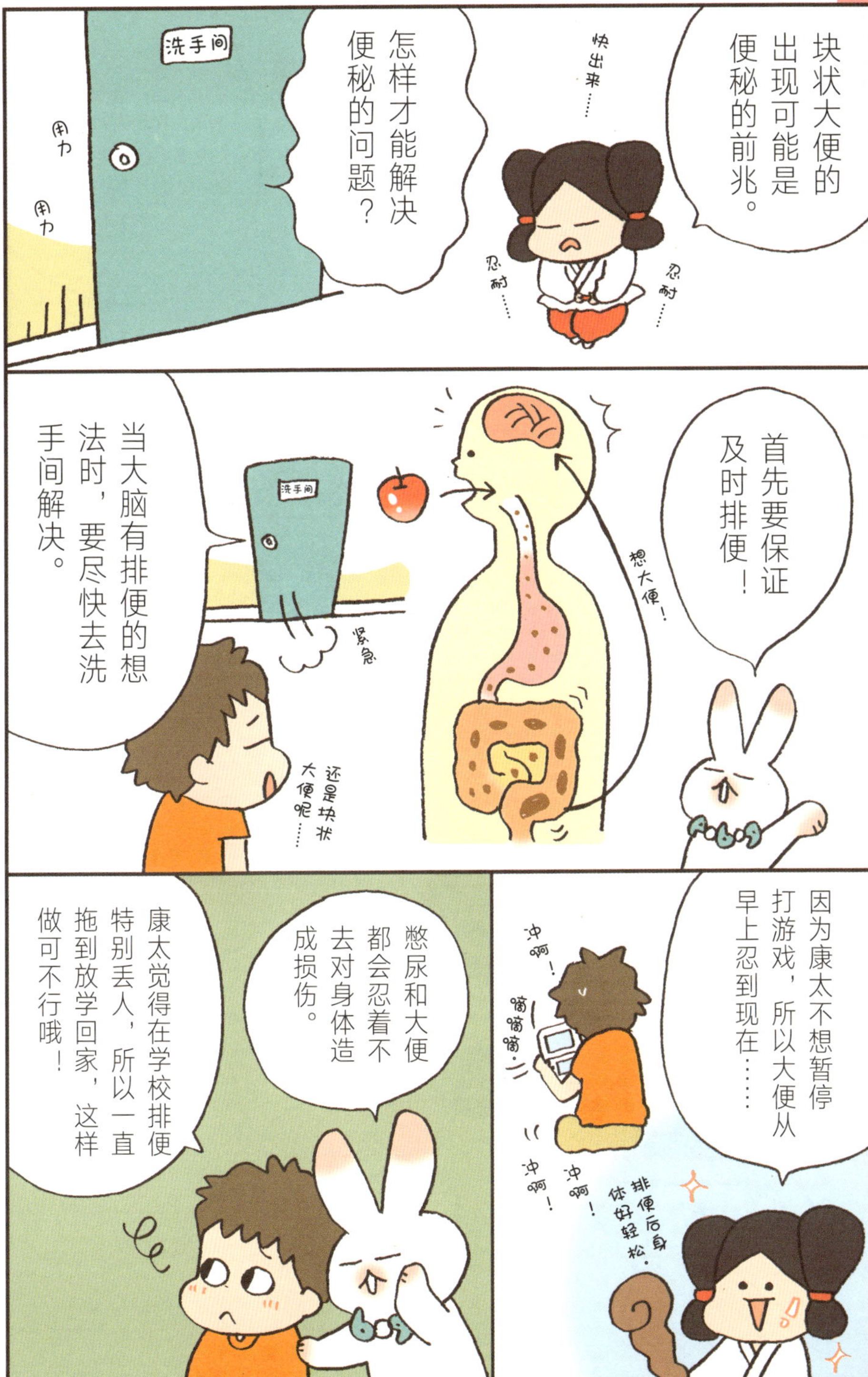

块状大便的出现可能是便秘的前兆。
快出来……
忍耐……
忍耐……
怎样才能解决便秘的问题？
洗手间
用力
用力
首先要保证及时排便！
想大便！
洗手间
紧急
还是块状大便呢……
当大脑有排便的想法时，要尽快去洗手间解决。
因为康太不想暂停打游戏，所以大便从早上忍到现在……
冲啊！
嘀嘀嘀
冲啊！
冲啊！
排便后身体好轻松。
憋尿和大便都会忍着不去对身体造成损伤。
康太觉得在学校排便特别丢人，所以一直拖到放学回家，这样做可不行哦！

其次就是多吃一些帮助肠胃蠕动的食物！
海藻
香蕉
红薯
苹果
纳豆
我们来清理肠道啦！
红薯吃太多啦……
屁
快和我玩……
懒散
懒散
运动也非常重要！
一起来健康排便吧，加油！
正经
正经
没问题！

心心敲黑板　预防便秘有妙招

- 起床后喝一杯温水。
- 按时吃早餐。
- 出门前预留排便的时间。
- 身体发出排便的信号时，要及时排出。
- 及时补充水分，多吃富含膳食纤维的食物。
- 多做运动。

『我要减肥！一定要瘦下来！』有时很危险！

医务室
惊醒
对不起……
好担心你呀！
过度减肥非常危险！
不按时吃饭的话，会导致身体营养不良，变得消瘦，其实一点也不好看。
营养不良啦！快补充营养！
啊!!
越来越少
快补充呀！
营养
营养不足啦！
女生在月经来临后的一段时间内，身体会微微发胖，不过不要担心。
身体发育结束之后，就会变成像老师一样的成熟女人啦！

心心敲黑板 1 健康饮食方案

一日三餐，保证营养均衡

按时吃饭，从食物中摄取丰富的营养吧。

细嚼慢咽

吃饭时狼吞虎咽，都尝不出食物的味道啦！还会不知不觉吃得过饱。细嚼慢咽有助于消化，还能控制饭量哦。

心心敲黑板 2 积极锻炼身体

运动可以增强肌肉，燃烧脂肪。运动过后还会食欲大增哦。

大家来画出自己喜欢吃的鱼类吧。
这个是？
这个是鲑鱼！
这才是鲑鱼哦。
挣扎
挣扎
渔夫捕获鲑鱼
鱼肉经过加工之后，被送往各个门店
上架出售
新鲜鲑鱼
你们知道黄瓜的生长过程吗？
这个嘛……
这样？
不是这样的吗？

黄瓜是在藤上生长成熟的！
原来如此。
原来如此。
要多多了解每天为我们提供营养的食材哦。
在厨房帮忙是一个好办法！
嘎！
嘎！
超市
康太最近有些小感冒，今天就做几个好菜给你补补身体吧！
哇！
秋之味
秋刀鱼
到了秋刀鱼的旺季啦！
哎呀！
旺季？
旺季是指蔬菜、鱼类等食材最新鲜美味，产量最多的时段。
秋天是秋刀鱼的旺季哦！
真实惠！
虽然市场里的食材应有尽有……
冷冻
毛豆
不过应季的食材是最鲜美又营养丰富的。
尝一尝，看一看呀！
秋刀鱼
心心！

时令食材小课堂

春 芦笋、卷心菜、竹笋、草莓

这些食物可以帮助身体排出整个冬季累积的废物哦。

夏 西红柿、黄瓜、玉米、西瓜、鲹鱼

这些食物可以给身体降温，缓解因天气炎热而产生的不适感。

秋 红薯、芋头、蘑菇、柿子、梨、秋刀鱼

富含膳食纤维的红薯、芋头可以促进身体的新陈代谢。

冬 白菜、萝卜、胡萝卜、菠菜、橘子、鲕鱼

多吃胡萝卜和萝卜可以使身体感到温暖哦。

刚蒸好的米饭特别柔软蓬松呢。
食材经过烹调之后，其中的营养成分更容易被身体吸收。
耶！
耶！
大米是不能生吃的！
各类食材搭配在一起，营养又美味哦！
蛋白质
维生素
膳食纤维
我饿啦！
好香！
按照不同的烹饪方法，可以做出各种各样的美食！
土豆
土豆沙拉
咖喱土豆
肉汁土豆
想要烧得一手好菜是要付出努力的。
偷吃

新鲜时蔬　一起来制作营养丰富的蔬菜沙拉吧！

成为得力的小助手吧！注意使用菜刀和炉灶的时候一定要有家人的陪同。

1 清洗蔬菜。

2 剥生菜叶。

3 切西红柿和黄瓜。

4 剥掉煮熟的鸡蛋的蛋壳。

5 加入沙拉酱搅拌。

完成！

亲子厨房开课啦!

微波炉的妙用

制作葡萄柚布丁

材料（2~3 人份）

- ●吉利丁粉 5 克
- ●葡萄柚果汁（100% 纯果汁）250 毫升
- ●纯净水 2 汤匙
- ●砂糖 1 汤匙

1 吉利丁粉中加入 2 汤匙纯净水。

2 用微波炉（500 瓦）加热 30 秒，加快溶解混合物。

3 加入 1 汤匙砂糖并搅拌。

4 缓慢加入葡萄柚果汁，并不断搅拌。

5 分装在容器中，放入冰箱冷却凝固 2 小时。

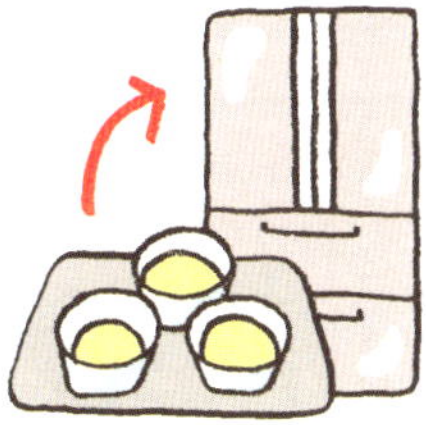

完成!

可搭配时令水果。

吉利丁粉富含蛋白质，而葡萄柚含有丰富的维生素 C 哦。

砂糖的用量可以依照个人口味调整。接下来尝试做一做橙子口味布丁吧!

通过运动来放松身心

踢足球吗？
嗯……今天就不去啦。
期待期待
因为想在家看书。
魔法大冒险
第二天
太有趣啦！
第三天
投入
投入
魔法大冒险
第四天
一起玩呀！
读书是非常棒的兴趣爱好，但是运动也很重要啊！
肌肉君！
缺乏锻炼的话，我们会变得特别虚弱！
无力
无力
什么?!
只有多运动，身体才会结实又健康。
合上

心心敲黑板 1 为什么需要做运动？

不容易生病

身体发育的需要

适量的运动可以增强身体免疫力，病毒不易侵入。

预防肥胖

身体缺乏运动，热量消耗减少，脂肪便会不断累积，导致发胖。

心心敲黑板 2 让运动融入日常生活

学习、读书的间隙，做几个深呼吸吧！
氧气
明白啦！
放松
书本
跳舞真有趣！
有点累了……
嗯？
一起踢球吗？
不如一起跳舞吧！
好厉害！
一起跳起来吧！
我最近练习了几个舞步！
哟！
哟！
哟！

合理安排休息的时间

运动会快到啦
今年的50米短跑一定要拿下！
燃
备战！！
每天5点起床晨跑！
嘀嘀嘀！
睡前仰卧起坐！
121·122·123……
喘
喘
喘
喘
喘
爸爸的跑步机……
一周后
虚脱
运动过度可使不得呀！
我们已经筋疲力尽了，需要休息……
让我们喘口气吧！
啊！对不起……

心心敲黑板　放松身体，疲劳拜拜

1 睡眠充足

熟睡的时候，疲劳感会渐渐消失。

2 泡澡放松

睡前洗个热水澡，有助于舒缓肌肉，改善睡眠哦。血液循环更顺畅，疲劳感也消失啦。

3 营养均衡

运动中消耗的能量，要好好地补充回来哦。

运动要循序渐进，有计划地进行！
让我来安排这个月的运动计划吧！
日历
15千克
15千克
抖
好厉害！
慢跑15分钟！
再来一碗！
淘气
好重！
运动会上
哇
哇
哇
哇
好棒！
第一名！
第一名！
付出就有回报呀！

心心&咪咪兔

我们的缘分

为了成为法力无边的小神仙，心心踏上了修行之旅。
大口
大口
噢？晕倒了？
途经大阪时，心心发现一只小兔子晕倒在路边。
咕！
食物的味道……
你是不是饿晕啦？真可怜。
要不要吃章鱼烧？剩最后一个了。
没办法……
后悔
那我就不客气啦！
故事的尾声……心心救了咪咪兔的命。
让我陪在你的身边吧！
下一站是哪里？
先去大阪城吧……
就这样，心心和咪咪兔一起启程了。

睡眠充足的重要性

太好啦!
游戏
嘀嘀!嘀嘀!
迷糊
我出门了……
穿着睡衣?
迷糊
书拿反啦!
小声
迷糊
击中
好痛。
又睡着了。
康太!
你今天是怎么了?
我也好困。
是睡眠不足惹的祸!他昨天熬夜打游戏啦。
迷糊
想做的事情太多啦……睡觉的时候什么也做不了,真是浪费时间啊。
嗑睡
嗑睡

为什么要睡觉？

1 身体发育的需要

熟睡的时候，身体会分泌出发育所需的生长激素。

2 恢复体力

活跃了一整天的细胞在睡眠中得到休息。

❸ 大脑和心脏得到放松，身体进入休整状态

一整天都在运转的大脑在熟睡中得到放松，并且会整理当天的记忆。睡眠不足的话，对身体损伤很大哦。

睡眠与生物钟

清晨迎接太阳升起

身体也说“早早早”。

夜晚来临的时候

身体也道“晚安”，感到困倦。

周末睡个懒觉

身体在清晨没有被唤醒，
晚上就会难以入睡。

晚上熬夜看电视、打游戏

身体处于颠倒的工作状态，
导致入睡困难。

晚上睡不着该怎么办？

明天的考试没问题吧……上次考不及格啊。
我的未来也没问题吧……
坐起
睡不着！一只羊、两只羊……
已经12点了！
出现
咪咪兔！你怎么……
晚上好！
睡不着一定很难受吧。
吓一跳……
心怦怦跳
睡前思考问题过多或是打游戏，会让大脑持续兴奋，入睡就变得困难。
你也和康太一样，熬夜打游戏了吗？
才没有呢！
睡不着的时候，要怎么办呢？

改善失眠有妙招

1 按时起床，迎接清晨的阳光

●即使前一晚失眠，第二天也要按时起床。

2 白天适当运动

●身体感到疲劳的话，晚上更容易入睡。

3 睡前放松身心

●睡前听轻柔的音乐。吵闹的音乐会使人感到兴奋，反而不容易入睡。

●喝一杯热牛奶。茶有提神的功效，所以不推荐。

4 做好入睡准备

●关上灯。

●停止播放音乐，准备安静地入睡。

●使用干净的枕头和被子。

想知道我的入睡秘诀吗？
当然啦！
就是……睡不着的时候也不要在意！
什么啊……
啊？
里志入睡的时候过于紧张啦。
强迫自己入睡反而会适得其反。
原来如此！
要找到自己的入睡习惯。
几天后
已经不会失眠啦。
睡着啦！
哇！
抱着娃娃好安心。
适合自己的就是最好的！
兔娃娃！

是梦境还是现实？

我开动啦！
满汉全席呀！
大口
我在梦里？
好痛！
为什么会做梦呢？
在整晚的睡眠中，浅睡眠和深睡眠是不断交替的。
浅睡眠
浅
睡眠深度
深
深睡眠
入睡
苏醒
通常我们会在浅睡眠中进入梦境。
迷糊
原来如此，那我再浅浅地睡一觉，回到梦里去吧！
牛排、汽水……
快跑呀！

心心&咪咪兔

温泉旅行

我们喜欢热乎乎的温泉！
泡温泉的第一步，清洁身体！
肥皂泡泡
泡温泉可以促进血液循环，身体也变得热乎乎、轻飘飘的！
闪亮
没认错，这是心心。
淋浴过后，推荐在浴缸里再次清洁身体！
泡温泉太舒服啦！
请收下，温泉馒头！
馒头
泡温泉不带上我！

第4章

拥有一颗健康、美丽的心灵

游泳比赛
今年的冠军一定是我！
去年……
黑马明夫将是我的手下败将！
腿软
大家都在议论纷纷！
今年也是明夫啦！
康太更厉害呢！
糟糕！
明夫，加油呀！
尖叫
扑通扑通！
一副势在必得的样子……
小意思！
扑通、扑通，怦怦怦怦！
怎么回事？
我们的心情可以通过身体表现出来哦！
听听康太的心跳声就知道他有多紧张啦！

心灵和身体的亲密关系

当情绪波动的时候，身体会有怎样的反应呢？

害怕的时候

紧张的时候

害羞的时候

伤心的时候

心脏快跳出来啦！
怎么回事？出了一身汗！
啊！
喘
喘
怦怦怦怦！
别担心，一切正常呀。
试着做个深呼吸！
怦怦怦怦！
深呼吸？
喘
喘
快躺下来，想象自己进入梦乡啦！
感觉好多啦……
心跳也平稳啦。
身体放松下来，心情也平静啦！
呼——吸——
呼——
呼——
呼——
现在不是睡觉的时候！还要进行游泳比赛！
惊醒
怦怦怦怦！
康太加油啊！
心脏又开始剧烈地跳动！
真是好时候。

与身体、情绪有关的成语

面红耳赤

意思 十分羞怯或十分激动。

目瞪口呆

意思 受到惊吓。

如释重负

意思 从压力或是紧张中解放出来，松了一口气。

心如刀绞

意思 十分心痛。

诸如此类的成语还有很多！翻翻字典来认识下面这些成语吧！

❶推心置腹　❷心惊胆战　❸翘首以盼

答案 ❶把心交给对方，形容真诚待人。❷心里一惊，身体打战，形容十分害怕。❸仰着脖子等待，形容内心十分期待。

扑通扑通——紧张感无法消除

身体没有异常啊。
奇怪！
或许是压力导致的！
冒头
你说得对！
你是谁?!
心心！
长时间处于紧张状态，可能会引发身体的不适。
情绪小搭档快登场吧！
我是扑通君！
大家好！
我是轻松酱！
我在身体、思维活跃的时候工作。
快！射门！
我在入睡之后发挥作用。
熟睡
呼呼——

元气满满的白天和恢复放松的夜晚同等重要哦。
嘿哟嘿哟！
哈哈哈！
呼呼！
我们分工明确！
轻松酱
（副交感神经）
●平缓心跳
●平稳呼吸
●放松肌肉
扑通君
（交感神经）
●加速心跳
●促进呼吸
●使肌肉紧张有力
紧张不安的时候，就是扑通君在发挥作用呢。
哎呀，好害怕！
扑通扑通……
睡不着……
无能为力……
看我的——
轻松酱无法正常工作的时候，里志会感到更加不安，从而导致身体不适。

轻松酱的小课堂

紧张的时候，我们试着调整呼吸！吸气的时候，扩张腹部。呼气的时候，收缩腹部。

为什么紧张的时候，会感到身体不舒服？

什么是压力？
迷迷糊糊
正在作祟的压力君登场吧！
大家好!!
我的任务就是用烦恼来刺激你的心脏。
像这样！
只是小小的刺激，心脏是不会反感的。
轻轻
如果用力过度，心脏就会感到难过啦！
好痛！
用力
戳
最近因为记不住男主角的台词，康太总感到紧张不安，心脏已经承受不住压力啦。
用力戳
男主角
哎呀！哎呀！
用力戳
ZZ……

唉！
所以压力君就是烦恼吗？
坏情绪导致身体出现不适的情况，可能就是压力君在作祟哦。
不过凡事都是有办法解决的！
好吵啊……

烦恼（压力来啦）
情绪和身体的变化（对压力的反应）
收到心仪的女孩子送来的礼物
请收下！
扑通！扑通！
好开心呀！
小鹿乱撞
扑通！扑通！
被心仪的女孩子冷落
走开！
世界末日
悲伤
食不下咽

压力产生之后……

情绪

- 忧郁
- 烦躁
- 无法集中精力
- 失落
- 消沉
- 悲伤

身体

- 乏力
- 失眠
- 腹痛
- 容易患感冒
- 食欲不振
- 头痛
- 晕眩

行动

- 乱发脾气
- 暴饮暴食
- 大吼大叫
- 闭门不出

每个人对压力的承受能力是不同的。
好痛！
好痒啊！
轻轻
用力戳
烦恼
感到烦恼的时候，可以向朋友倾诉呀。
我现在明白压力是怎么回事了，但是记不住台词怎么办啊？
一句也记不住……
台词
没关系，还有10天呀！
压力产生之后，想法也会变得悲观起来。
啊！
坏结果
只剩10天了，完全做不到！
哎呀！
台词是什么？
哈哈哈！
太逊了！
消沉
听天由命吧……

这种情况就拜托轻松酱吧。
深呼吸
深呼吸
呼呼！
其实跌倒也能博得大家一笑呀。
哎呀，我充满干劲啦！
我可以的！
还有10天，一定做得到！
哇！
哇！
加油干！
好吵！
倒下
昏睡
终于睡着啦！
充足的睡眠也非常重要！
记住！在压力面前要保持好心态哦。成长的烦恼真是太多啦！
下一章节出发！！

坏情绪来了？没关系！

怎么啦？
摔
都是康太的错。
里志是笨蛋。
大傻瓜。
康太怎么气呼呼的？
戳戳
戳戳
小咪不要挡路！
猛咬一口
好痛！
坏情绪放任不管的话，对健康很不利呀！
想要赶走坏情绪？先来倾听身体和心灵的声音吧！
看—

观察自己的身体和心灵

先来观察身体的状况吧！

生气的时候

血压升高

烦躁的时候

身体哆哆嗦嗦

懊恼的时候

咬牙切齿

心里是什么滋味呢？
把烦恼和想法都写下来吧。

哎呀！
坏话
饥饿
所以我才这么烦躁啊。
肚子饿也是原因之一。
找到烦躁的原因就好啦！
如果放任坏情绪作恶的话，身体状况会变得更糟哦。
话跃
头晕
不过遇到这些倒霉事，真的很难控制住情绪！
感到烦躁的时候就和我一起来转换心情吧！
呼呼呼。
心情平静下来，我和轻松酱就能和平相处啦！
要怎么转换心情呢？

转换心情有妙招

做自己喜欢、感兴趣的事情，坏情绪就会溜走啦！

调整放松身体

身体动起来，恢复元气！

发现自己的不良情绪

康太真是个倔老头！
里志完全不可理喻！
你说什么?!
今天又吵架了。
呜——
康太开始留意情绪的变化啦！如果发现是自己做得不对，就要努力改善呀！
又吵架了？
我吗？
对着里志挖鼻屎吗？
挖
挖
每个人的行为和情绪都有不完美的地方。
康太的问题就是太容易被激怒啦！
什么？
你说得对。
你看看！

另一边的里志
唉，又和康太吵架了。
也许我们再也不会和好了……
这辈子都要孤单一个人了！
呜呜呜
里志的问题是想法太悲观啦。
刚才对不起……
是我做得不对，我们还是朋友吗？
咦？是康太！
勇敢地承认自己的错误吧！
和好如初啦！

容易被激怒的性格

被言语激怒。

火气爆发之后，
陷入不良情绪中。

康太的牢骚

不要把问题都推到对方身上哦。

气死啦！

都是他的错！

我说得
都对！

要控制自己
的情绪呀！

处事消极的性格

总想到事情消极的一面。　　意志容易变消沉。

里志的牢骚

要从消极的想法中走出来呀!

完蛋了。

我们不会和好了。

没信心啊……

积极地解决问题，事情一定会有转机的!

珍惜当下，和烦恼友好地相处

真的是值得烦恼的事情吗？

昨天的烦恼（过去）→ 此刻的由美（现在）→ 明天的烦恼（未来）

平复心情的方法

把烦恼抛到脑后，关注此刻身体和心灵的感受吧！

平稳呼吸

安静地做几个深呼吸吧！

身体放松下来，心情也治愈啦。

闻一闻花香

花朵、水果、香薰散发的香气，有助于放松心情。

香气会使人焕发活力，感到幸福。

享受软绵绵的触感

抚摩小动物、毛绒玩具，或是干脆把自己裹起来吧。

柔软或是温暖的触感，会使人感到安心。

吃一顿大餐

相比平时要更加专心地咀嚼，细细品尝食物的好味道。

伴随着幸福的饱腹感，身体也恢复了元气！

聆听外界的声音吧。小鸟的鸣叫、车流的声音……
汪！
啾啾！
嘀嘀！
啾啾！
将注意力集中在此时此刻，烦恼自然会一扫而光啦。
烦恼拜拜啦！
和朋友们轻轻松松去野餐吧！
如果感到不开心，提前回家就好啦！
我出门啦！
早上好！
开心
嘀嘀咕咕
由美，生日快乐！
我们准备了礼物！
由美喜欢什么呢？
我们来准备一个惊喜吧！
嘀嘀咕咕
谢谢你们！
原来不是在讲我的坏话……
误会也解开啦！
太好啦！

打不起精神该怎么办？

数学成绩下降了。
要报补习班吗？
成绩单
嗯……
加油啊！里志一定做得到！
不想让父母失望！
考试之前都不碰课外书啦！
数学
日历
考试
一个月后
里志在减肥吗？
最近没有食欲……
轻飘飘
发呆
听我说……
喂！

身体和心灵拉响警报啦

身体和心灵已经喘不过气来了，和身边的人倾诉一下烦恼吧。

食欲不振，身体消瘦。

持续失眠。

百无聊赖，索然无味。

总感到闷闷不乐，忽然崩溃大哭起来。

聆听心灵的声音

感知自己的情绪

如果发现了忧郁、烦躁等坏情绪，要及时调整。

不要一个人烦恼，向身边的人寻求帮助吧

遇到困难或是苦恼的事情，向家人和朋友寻求帮助吧。

倾诉自己的烦恼之后，心情就会舒畅很多。

关注自己的身体和心灵

要随时聆听身体和心灵发出的声音。健康的身体需要我们的时刻关怀。

排解压力的方法❶

用积极的话语来转换心情吧！

在第 126~129 页的故事里，我们发现每个人都有自己思考问题和表达的方式。常常把鼓励的话、安慰的话挂在嘴边，心灵和身体也会感到温暖。

鼓励的话

安慰的话

感谢的话

排解压力的方法❷

一笑解千愁！

大家有没有听过大笑可以减压的说法？

我想分享你们的欢笑！

常常看搞笑节目

常看相声小品或是搞笑节目开怀大笑吧。

练习微笑

微笑的时候，脸部肌肉会向大脑传递信号，心情不自觉地就会好起来。给镜子中的自己一个微笑吧！

回忆快乐的事情

回想好笑的、快乐的事情吧，或是想象一些有趣的情景，烦恼会一扫而光。

我们不见不散！

嗷呜——
仔仔细细
大家晚安啦！
大家都在过健康的生活啦！
唉，看来已经不需要我了。
有些空虚寂寞呢。
黏糊糊
咔嚓咔嚓。
时间过得好慢……
光芒万丈
我说，心心啊
谁？
快躲起来。

是仙人呀！！
老神仙！
本以为你在凡间修行有成……看看你的大肚子！
哎呀！
重量级
怒
回到天庭，待老仙好好管教你！快和我走吧！
晴天霹雳
所以，心心不得不回到天上去了。
我也跟去！
什么？
呜呜呜……
我们不要分开啊！
心心……
咪咪兔……
小朋友们，你们的进步非常大。
哭

不久之前，你们还是这个状态……
夜深了
不要玩啦！
嘀嘀嘀嘀
游戏
好难受！
啊！
优哉游哉
现在你们已经学会关心自己的身体啦。
感动
谢谢你们给的爱！
身体棒棒的！
关心自己的身体是一辈子的事。当然，偶尔会有松懈……
叮
嘿嘿！
圆滚滚
圆滚滚

等着我们修行归来呀！加油加油！
一定特别潇洒！
美男
拭目以待哟……
明白了，我们还会再见面的！
擤鼻涕
加油啊！
必胜
看看到时候谁的进步更大！
嗷呜！
时刻聆听身体和心灵的声音，健康地成长吧！
再见啦！
心心、咪咪兔，谢谢你们！

illustration：Maki Matsumoto

版权合同登记　图字：19-2019-209号

图书在版编目（CIP）数据

学校学不到的成长课. 我要变成健康小达人 /（日）株式会社旺文社著; 张文袆译. — 广州：新世纪出版社, 2019.12（2020.5重印）
ISBN 978-7-5583-0041-7

Ⅰ. ①学… Ⅱ. ①株… ②张… Ⅲ. ①健康教育 – 少儿读物 Ⅳ. ①G775

中国版本图书馆CIP数据核字（2019）第265381号

学校学不到的成长课・我要变成健康小达人

Xuexiao Xuebudao de Chengzhangke · Wo Yao Biancheng Jiankang Xiao Daren

出 版 人：姚丹林
责任编辑：秦文剑　黄诗棋
责任技编：王　维

出版发行：新世纪出版社
（广州市大沙头四马路10号）
经　　销：全国新华书店
印　　刷：北京盛通印刷股份有限公司
规　　格：880mm×1230mm　　开　　本：32开
印　　张：4.5　　字　　数：50千
版　　次：2019年12月第1版　　印　　次：2020年5月第4次印刷
定　　价：32.50元

质量监督电话：020-83797655　购书咨询电话：020-83781537